L 27
n 19901.

AF319924

Conserver la Couverture

ÉLOGE

DE TURGOT

MENTIONNÉ PAR L'ACADÉMIE FRANÇAISE

Dans sa Séance du 10 Septembre 1846,

PAR

M. A.-C. DARESTE,

PROFESSEUR AGRÉGÉ D'HISTOIRE AU COLLÉGE STANISLAS.

PARIS,

IMPRIMERIE ADMINISTRATIVE DE PAUL DUPONT,

55, rue de Grenelle-Saint-Honoré.

—

1846

ÉLOGE

DE TURGOT

BIBLIOTHÈQUE ROY

MENTIONNÉ PAR L'ACADÉMIE FRANÇAISE

Dans sa Séance du 10 Septembre 1846.

1846

ÉLOGE DE TURGOT

MENTIONNÉ PAR L'ACADÉMIE FRANÇAISE

Dans sa Séance du 10 Septembre 1846,

Par M. A.-C. DARESTE,

Professeur agrégé d'histoire au Collége Stanislas.

S'il faut que toute étude littéraire porte avec elle son enseigne-
ment, celle des œuvres de Turgot devait être préférée par l'Académie. Jamais appréciation ne fut plus facile. Turgot n'a pas
encore vieilli : ses idées nous appartiennent ; nous éprouvons
les mêmes passions. Nous aimons à reconnaître déjà en lui cette
intelligence du présent et ce sentiment de l'avenir qui devaient
être pour d'autres le fruit d'une expérience chèrement acquise.
Mais jamais aussi éloge ne fut plus nécessaire. Turgot nous offre
un modèle parfait des qualités que nous n'avons pas et que nous
devons avoir ; il montre ce que peuvent des convictions pro-
fondes quand on en fait la règle de tous ses actes. Ainsi sa gloire
est pour nous une gloire contemporaine, et sa vie, ses ouvrages
sont une perpétuelle leçon. Les hommes qui ont marché à la
tête de leur siècle jouissent de ce double privilége que leur
talent reste jeune plus longtemps et que leur exemple instruit
toujours.

La France au milieu du siècle dernier présentait un triste spectacle. Le gouvernement aussi peu libéral que sous Louis XIV
avec la gloire de moins ; les mœurs de cour aussi peu régu-
lières, avec le scandale de plus ; le goût des petites choses substitué à celui des grandes, enfin dans cet abaissement continu
du gouvernement et des mœurs publiques, les convictions, politiques ou religieuses, s'affaiblissant tous les jours. La liberté

d'examen, notre première liberté, mais inaugurée comme ses sœurs le seront plus tard par des saturnales, renverse les objets d'une adoration séculaire : tristes ravages exercés par la littérature la plus puissante qui fut jamais. Sachons cependant sous ces ruines trop réelles reconnaître un esprit nouveau, esprit de force et de vie. Sachons dégager de ce vain amas de sophismes et d'erreurs les principes vrais que l'expérience doit mûrir. La révolution s'avance ; je parle de celle qui changea les doctrines avant de transformer les institutions. Turgot eut le privilége de la bien comprendre, et il se plaça sans contestation au premier rang parmi ces hommes d'élite dont le génie clairvoyant saluait déjà la France nouvelle, auxquels nous devons aujourd'hui l'air que nous respirons comme le jour qui nous éclaire.

Voltaire eut la gloire de représenter son siècle, et le malheur de le représenter trop fidèlement. Turgot vécut pour annoncer le nôtre ; il fit dans les tendances de ses contemporains la part du mal et la part du bien ; il distingua ce qui était l'œuvre des passions du jour et ce qui était le progrès de la raison publique. Il voulut réparer et fonder ; il eût sauvé l'ancienne monarchie, si elle eût pu l'être.

Bien différent de ceux qui prirent part comme lui à ce grand travail de régénération, Turgot n'eut d'autre but que de découvrir la vérité et d'en assurer le triomphe. Il écrivit pour se former des convictions et les affermir, pour éclairer le gouvernement lorsqu'il fut intendant de Limoges, pour exposer, justifier ses actes lorsqu'il fut ministre de Louis XVI. Tel est le caractère distinctif de sa vie. Dans un temps où la puissance littéraire était de toutes la plus assurée et la mieux reconnue, il ne l'ambitionna point : il ne chercha pas à bien dire, mais à bien faire, préférant à la gloire d'une facile popularité la conscience d'avoir servi le pays. C'est pour avoir eu la justesse de vue qui conçoit les grands desseins, la force d'âme qui les entreprend, la foi qui les exécute, qu'il a conquis, sans le savoir, un haut rang parmi les écrivains comme parmi les hommes d'État, et que ses ouvrages sont des modèles de cette éloquence naturelle et forte que produit la conviction d'un esprit supérieur.

Tout jeune encore, dans un de ses discours de Sorbonne, brillants préludes de sa carrière, dont les idées ont le double mérite d'avoir été neuves alors et d'être universellement acceptées aujourd'hui, il exprimait déjà la pensée qui fut celle de sa vie entière. Il admirait dans Colomb l'enthousiasme réfléchi, la confiance avec laquelle il s'était abandonné à une mer inconnue sur la foi d'un raisonnement. « Dans beaucoup d'autres carrières, ajoutait-il, le tour du monde est à faire encore. La vérité est de même sur la route : la gloire et le bonheur d'être utiles sont au bout. »

L'étude de l'économie et de l'administration ouvrait un champ libre aux découvertes ; c'est là surtout qu'on pouvait encore faire le tour du monde. Chercheur infatigable, mais prudent, mêlant comme Colomb la réflexion à l'enthousiasme, Turgot crut possible de renouveler les sciences morales en leur appliquant la rigueur des sciences exactes « qu'on ne peut étudier sans être conduit au vrai. » Des calculs d'astronomie, une lettre à Buffon où il réfutait quelques opinions erronées du grand naturaliste sur la formation de la terre et qui lui valut les suffrages de l'Académie, développèrent chez lui une exactitude de raisonnement dont ses écrits, tous méthodiques, tracés au compas, ont gardé l'empreinte. Il sut y joindre cette sorte de génie commune aux grands mathématiciens, qui anime les œuvres du raisonnement pur et rend les démonstrations même éloquentes. La langue qu'il parla fut celle des encyclopédistes, si claire, si analytique. L'emphase un peu trop marquée de ses premiers ouvrages disparut bientôt, et la simplicité d'un style toujours net et transparent fit oublier l'écrivain pour ne laisser voir que le penseur. On lui a souvent reproché son esprit de système, comme si une science pouvait se former ou se développer autrement que par des systèmes, et comme si les sciences morales ne lui devaient pas toutes quelque progrès. Un système est une méthode et les méthodes se jugent par leurs résultats. Qu'importent quelques erreurs passagères qui ne nous trompent plus aujourd'hui, à côté de vérités durables dont nous avons oublié l'origine, tant elles nous sont familières ?

On remarque déjà dans les premiers essais de Turgot plusieurs de ces vérités qui sont devenues notre fonds commun. Il a fait dans les sciences morales la même révolution que les grands astronomes dans les sciences exactes; il a reconnu les principes et permis d'en déduire une longue chaîne de faits nouveaux dont nos connaissances se sont enrichies. Il commence par étudier séparément le développement moral de l'homme et le développement social de l'humanité : on sait combien cette distinction est devenue féconde sous la plume de notre premier historien. La loi du perfectionnement social, entrevue par les grands génies de tous les temps, hautement proclamée au xviiie siècle, mais encore vague, indéterminée, fut dès lors l'objet d'une analyse savante, et le jeune docteur de Sorbonne sut lui donner la rigueur, la précision qui lui manquaient. Bossuet représentait l'humanité conduite à chaque pas de la carrière par une main divine ; Turgot croit qu'elle développe seule les germes divins qu'elle a reçus. Il renonce à l'intervention constante de Dieu et raconte le travail spontané des générations formant siècle par siècle des vérités qu'elles découvrent, des arts qu'elles inventent, un patrimoine commun qui s'accroît sans mesure et qu'elles se lèguent fidèlement. Il dépouille ainsi une grande vérité du dernier voile dont elle était couverte ; il explique au point de vue de la science humaine ce que Bossuet expliquait par la religion ; il sécularise la philosophie de l'histoire. Ce n'est plus le prêtre parlant du haut de la chaire évangélique, mais le professeur dans la chaire savante ou l'homme d'État à la tribune ; ce qui ne l'empêche pas d'honorer, d'aimer la foi religieuse. Contemporain de Diderot et de d'Alembert, il prononçait en Sorbonne un éloge du christianisme, premier essai de son talent, où les services rendus par l'église et l'importance de la révolution qu'opéra dans le monde l'avénement du droit substitué au règne de la force, étaient exposés avec autant d'éloquence que de vérité.

Tous ses travaux purement philosophiques présentent la même observation lente des faits, la même sûreté dans la détermination des lois générales, la même rigueur dans l'application de ces lois. Turgot n'a pas créé cette méthode, mais je puis dire qu'il se l'est rendue propre et qu'il en a fait un usage plus heureux qu'aucun de ses devanciers. Son traité de l'origine des langues et des sciences n'a pas été surpassé ; je ne sache pas qu'une seule de ses assertions puisse être contredite, si l'on admet que l'homme a développé lui-même son langage et ne l'a pas reçu de Dieu tout formé.

L'histoire surtout doit à Turgot des vues justes et neuves. Il sut être plus avancé que son temps et il n'est pas encore en arrière du nôtre, malgré le pas que nous avons fait. Il rencontre sur sa route la théorie de l'influence des climats, théorie quelque peu matérialiste, qui, admise sur la foi de Montesquieu, régnait sans partage. Il ne l'accepte que sous bénéfice d'inventaire. Subordonnant l'action des causes physiques à celle des causes morales, il montre le génie des peuples modifié d'abord par leurs institutions et leurs croyances. Il détermine ensuite la nature des influences physiques qu'il reconnaît pour plus apparentes et moins variables. Il ne veut pas que l'historien d'un pays se borne à la connaissance du climat; il veut le voir étudier le sol, ses productions, la facilité plus ou moins grande de ses communications naturelles ou artificielles, en un mot la situation économique résultant de tous ces éléments. Par là se trouve limitée et éclaircie une grande vérité, imparfaitement aperçue; le matérialisme est combattu jusque dans la géographie.

Si nos idées sur les temps anciens sont incomplètes ou fausses, si l'érudition ne peut dissiper tous les nuages qui les couvrent, Turgot en signale la vraie cause; c'est que l'étude de l'économie a toujours été jusqu'à lui ou omise ou jugée secondaire. Elle eût montré cependant les premières sociétés isolées dans l'origine, formant autant de mondes distincts que des lois nécessaires rapprochent à la longue et font graviter vers l'unité; elle eût expliqué le mécanisme des arts créateurs de la civilisation et les efforts de l'humanité naissante pour vaincre les obstacles qui gênaient son développement. C'est donc le devoir de l'historien d'étudier dans tous les pays et dans tous les temps comment la richesse est produite et distribuée, d'éclairer l'histoire par la science des faits économiques. Principe simple comme tous les principes vrais, et méconnu étrangement par ceux qui, dans ce siècle, célébrèrent de bonne foi la félicité prétendue de l'état barbare.

Tel est l'immense service que les sciences morales doivent à Turgot. Il a recueilli plusieurs de ces grandes idées dont ses contemporains ne s'étaient pas encore rendu un compte sévère ; il les a élevées à la hauteur de lois positives et rigoureusement démontrées. La vérité est son but : la persévérance, sans laquelle on ne saurait la découvrir, est le caractère remarquable de son talent. Le style n'a pas chez lui cette forme brillante que Voltaire sut donner à la critique et Rousseau à la passion, forme immortelle d'idées éphémères. Chez Turgot le style et la pensée sont inséparables, ou plutôt le style disparaît et la pensée reste seule, immortelle à son tour. Un homme encore dans ce siècle a plus pensé qu'il n'a écrit. Nul n'a soulevé d'aussi nombreux problèmes, nul n'a frappé les esprits plus ingénieusement que Montesquieu. Mais je me défie de son talent ; je ne vois pas encore avec lui la vérité simple ; elle est voilée sous le paradoxe de l'expression. Ce n'est que chez Turgot qu'elle me frappera par sa seule évidence.

Je ne puis trop insister sur ce point, car le vrai absolu n'est pas atteint plus souvent dans les œuvres de la pensée que l'idéal du beau dans les œuvres d'art. Turgot eut la gloire d'en approcher mieux que personne, lorsque c'était la prétention de tout le monde. Voilà pourquoi ces simples travaux de la jeunesse, auxquels l'aurait rendu la retraite de son âge mûr s'il eût vécu davantage, lui assurent un nom parmi les philosophes et les historiens. Le fragment qu'il a laissé sur la querelle du jansénisme et du molinisme fait croire qu'il serait devenu maître aisément dans le genre de l'histoire philosophique. Il y pose dans les termes les plus précis cette question insaisissable de la grâce qui a divisé de tout temps les philosophes comme les théologiens. Il y répand un jour nouveau sur une lutte intellectuelle d'autant plus violente que le fonds en était plus abstrait ; il y garde une impartialité sévère, et cependant l'histoire était pour lui comme pour tous ses contemporains un plaidoyer ; il en tirait une leçon ; il en déduisait avec la logique la plus rigoureuse la nécessité de la tolérance civile en matière de religion.

Il prit à cœur la défense de ce principe qu'on reconnaissait depuis longtemps, mais qu'on n'appliquait pas toujours, et qu'on avait accepté plus encore par lassitude que par conviction. Ce fut là son début dans la littérature active et militante; début qui révélait déjà la double tendance de son talent, l'amour sévère de la spéculation et le besoin de régler ses actes d'après ses doctrines. Il voulut déterminer les rapports des deux pouvoirs temporel et spirituel, et il traça d'une main ferme la ligne qui les sépare. Nulle religion ne peut commander la tolérance, parce qu'il est de l'essence d'une religion de se croire seule vraie, et de rejeter de son sein ceux qui ne l'acceptent pas tout entière. Mais l'État ne doit pas juger entre les croyances; il ne lui appartient pas de dire : « La vérité est là; elle n'est pas ailleurs. » A ses yeux, il n'y a pas de juifs, de protestants, ni de catholiques; il n'y a que des citoyens. L'État ne peut apprécier que l'utilité générale et les effets pratiques des diverses religions; c'est d'après ces effets qu'il doit leur mesurer la tolérance. Cette doctrine, qui est devenue universelle, était bien loin de l'être au siècle dernier. Souvenons-nous que les protestants n'avaient pas encore en France d'état civil, que les actes constatant les naissances, les mariages, les sépultures, étaient subordonnés au fait religieux. Turgot appela de tous ses vœux le jour où la séparation de l'Église et de l'État, œuvre imparfaite de la force et du temps, deviendrait définitive et régulière.

Tel fut le but du *Conciliateur*, où la part était faite au sentiment religieux qui repoussait la tolérance et à la justice civile qui la commandait. Tandis que Voltaire, combattant les persécutions avec l'arme du ridicule et celle de la colère, faisait un appel aux passions contemporaines, et semait l'impiété à pleines mains, Turgot s'adressait à la réflexion seule et changeait une vérité de sentiment en une vérité de raison. Sans effrayer les âmes pieuses, il prouvait victorieusement que la tolérance, acceptée jusqu'alors comme un fait, devait l'être enfin comme un droit et comme un droit imprescriptible.

Tout fut dit au xviiie siècle contre les persécutions religieuses, mais ces persécutions n'ont pas seules ensanglanté l'histoire. La folie des conquêtes, l'illusion d'un prétendu commerce exclusif ont aussi dévoré des millions d'hommes. Turgot combat ces *monstres*, comme il les appelle, au nom des calamités dont ils ont frappé le monde et dont le spectacle a pu faire douter de la Providence. Ce qu'il leur reproche surtout, c'est d'avoir jeté la société hors de ses voies, d'avoir mis obstacle au progrès qui doit être sa règle. Il veut que les hommes étudient mieux leurs intérêts pour mieux comprendre leurs devoirs ; car les intérêts et les devoirs sont liés par une chaîne inévitable, et le progrès matériel est la condition de tout progrès moral. La haine de l'erreur avait déjà fait Turgot philosophe et historien ; elle le fait économiste et lui prépare une nouvelle célébrité.

Élève de Quesnay et de Gournay, il étend le domaine de leurs recherches. Ce ne sont plus de simples règles d'observation et de bon sens soumises à un gouvernement qui vit d'arbitraire, à une administration peu éclairée. Il ne s'agit plus de tel ou tel intérêt spécial, de celui des propriétaires de terre ou de celui des commerçants. Turgot aspire à découvrir les lois souveraines qui gouvernent les intérêts matériels des sociétés ; il veut connaître la vérité générale, absolue, fondée sur le raisonnement qui la démontre et sur les faits qui la confirment. Ce seront les principes d'une science positive.

Comme la science, quelque abstrait, quelque sévère que soit son langage, n'exclut pas l'inspiration, Turgot se sent entraîné par son dévouement à une sainte cause. Répandre, généraliser le bien-être, convier un plus grand nombre d'élus à ces jouissances matérielles de la vie qui permettent seules la culture morale, c'est pour lui une mission, un apostolat. Appliquons à l'ignorance des faits économiques cette belle comparaison qu'il appliquait au prix de l'intérêt de l'argent. « Voyez, disait-il, cette mer répandue sur une vaste contrée ; les sommets des montagnes s'élèvent au-dessus des eaux, et forment des îles fertiles et cultivées. Si cette mer vient à s'écouler, à mesure qu'elle descend, les terrains en pente, puis les plaines et les vallons paraissent et se couvrent de productions de toute espèce. Il suffit que l'eau monte ou s'abaisse d'un pied pour inonder ou pour rendre à la culture des plages immenses. » N'est-ce pas aussi le propre des connaissances économiques de doubler le domaine de l'homme et de lui livrer des champs qui ne semblaient pas faits pour lui ?

Turgot crut que l'intelligence humaine ne pouvait trouver de plus noble emploi que celui de travailler à rendre les générations futures plus heureuses et de tracer aux gouvernements la marche qu'ils doivent suivre pour protéger les intérêts des peuples. Parler de règles constantes à ceux qui vivaient au jour, de justice spéciale à ceux qui ne respectaient que les droits acquis, c'était parler un langage que bien peu devaient comprendre. Ses contemporains l'ont mal jugé parce que ses travaux le rattachaient à une génération plus jeune que la sienne; cette génération, à son tour, ne lui a pas toujours rendu justice, parce que nous ne cherchons guère l'origine des idées qui ont bercé notre enfance. Nés avec elles, nous sommes toujours prêts à les croire anciennes; il est si facile de jouir du bienfait, sans songer à la main dont on l'a reçu.

Revendiquons cependant pour Turgot l'honneur accordé trop libéralement à Adam Smith, d'avoir créé l'économie politique. La science est en germe tout entière dans ce traité de la Formation des richesses, qui est un chef-d'œuvre à force d'être simple. Turgot ne s'y montre pas seulement économiste; il s'y montre philosophe, historien, législateur. Il s'élève à cette hauteur où les sciences morales, toutes réunies, ne composent plus qu'un ensemble que la pensée humaine ne peut séparer.

Les erreurs de ce livre dont on a complété, dont on n'a pas changé la théorie, s'expliquent par les nécessités de la polémique. Turgot écrit les yeux attachés sur la France; il y voit l'agriculture avilie, laissée aux mains de paysans abrutis et misérables, pareils à ceux dont Labruyère et Vauban ont fait le tableau, le sol produisant peu, l'industrie à son tour s'élevant à peine, gênée comme elle est par le peu de progrès de la culture, et par les entraves d'une législation trop prévoyante peut-être. Eh bien! il démontrera que l'agriculture ne fait pas déroger; il s'efforcera d'attirer vers elle les talents et les capitaux. Il reconnaît la terre pour le premier agent de la richesse, et réhabilite les travaux dont elle est l'objet. S'il tombe dans l'erreur des physiocrates qui ne veulent pas reconnaître d'autres agents, c'est pour combattre le préjugé barbare qui flétrit ces travaux. Voilà pourquoi, oubliant que l'industrie et les capitaux sont eux-mêmes une richesse, il ne les considère que comme moyen de transformer la richesse acquise. Sans doute la théorie du produit net était trop absolue, mais souvenons-nous que Turgot a été l'architecte de la science économique : les matériaux étaient dispersés avant lui, il les réunit le premier dans un ordre simple ; le premier il construisit l'édifice dont Adam Smith, devait élargir la base.

Il sut joindre aussi à la puissance de l'esprit généralisateur la patience et l'exactitude de l'analyse. L'économie politique n'offre guère de questions qu'il n'ait approfondies. Sur le commerce et la circulation de la richesse, il est inattaquable. Sa discussion sur l'essence de la valeur, sa distinction de la valeur en usage et de la valeur estimative sont devenues classiques et sont dignes de Smith et des Écossais. De la valeur, il passe aux signes qui la représentent, mais il ne se contente pas de déterminer en reproducteur fidèle des économistes italiens le rôle et le caractère des monnaies. A vingt-deux ans il traitait déjà de l'émission du papier et montrait avec une sagacité rare comment les billets de la banque de Law, tout en augmentant le nombre et la facilité des transactions, ne pouvaient créer de richesses nouvelles.

Il exposait avant Ricardo toutes les vérités fondamentales en matière de crédit, et l'expérience de près d'un siècle pendant lequel les opérations de banque ont pris un immense développement ne l'a pas démenti. Le crédit est la condition nécessaire de tous les travaux, de toutes les industries ; mais il est soumis lui-même à des influences diverses. La nature du gouvernement, la confiance qu'il inspire, le genre d'administration qu'il adopte, favorisent ou ébranlent le crédit. Turgot crut donc, pour le fonder, devoir déterminer les rapports des particuliers et de l'État, non d'après des circonstances passagères ou des besoins isolés, comme on l'avait fait jusqu'alors, mais d'après les lois naturelles, base nécessaire des lois positives. L'étude des lois naturelles lui fit reconnaître que le commerce et l'industrie devaient être libres. La propriété du travail devint à ses yeux une propriété sainte que le gouvernement devait toujours respecter. Tel est le principe dont il expose rigoureusement les conséquences, soit qu'il popularise les idées de Gournay à l'aide de son admirable langage, soit qu'il traite les questions nombreuses que soulève le commerce des blés. Aujourd'hui, mieux que jamais, nous devons reconnaître la justesse de ce principe, et le doute à cet égard n'est plus permis.

Quelques difficultés que ces idées présentent dans l'application, quelle que soit la force des intérêts qui les repoussent, il n'est plus possible de nier en droit que l'intérêt particulier ne concoure avec l'intérêt de tous, quand le commerce est abandonné à lui-même ; et, s'il en est ainsi, le seul devoir de l'État est de protéger la liberté des sujets. S'il en est ainsi, le monde ne doit être qu'un grand marché ouvert à la libre concurrence, et les divisions créées par la politique entre les peuples sont aussi arbitraires, aussi funestes que les divisions créées par l'administration entre les provinces d'un même pays.

Il n'y a pas de degrés dans le vrai, mais il y a des époques où la vérité est plus nécessaire, et Turgot avait raison de son temps mieux que jamais. Le travail était encore paralysé par cette foule de règlements prétendus protecteurs et de droits de toute espèce que la fiscalité, le hasard avaient inventés. Les mille liens dont Colbert avait entouré l'industrie naissante pour faciliter ses premiers pas ne faisaient qu'entraver son développement. Turgot voyait subsister encore les maîtrises, les jurandes, les monopoles, les douanes intérieures ; il voyait les étrangers exclus en France de toutes les professions, et le gouvernement gênant vingt industries pour en protéger une. Voilà l'échafaudage d'institutions vieillies qu'il devait frapper à la base ; elles sont tombées rapidement, laissant à peine çà et là quelques décombres. Il prédit le jour où tomberaient aussi les barrières qui séparent les peuples, jour sans doute éloigné, mais que le temps amènera, soyons-en sûrs. Qui peut dire que l'espoir d'une paix générale, d'une fraternité universelle, fondées sur les besoins mutuels des nations, soit aujourd'hui comme au siècle dernier une vaine utopie ?

Turgot ne craignait pas d'annoncer la ruine du système mercantile et les changements qu'elle devait entraîner. L'expérience a confirmé ses prévisions qui sont devenues des prophéties. Nous sommes aujourd'hui forcés de reconnaître combien son jugement est sûr, quand il apprécie les événements dont il est témoin. Il contemple la révolution d'Amérique et les diverses constitutions des États-Unis du même œil que nous les regardons maintenant : il salue l'avénement de principes nouveaux, en gémissant des anciennes erreurs perpétuées à côté d'eux. Il attaque l'opinion fausse qui classe les puissances d'après l'étendue de leur territoire et le nombre de leurs armées; il condamne hautement la politique de conquête suivie presque seule au xviiie siècle, à l'époque où les États de l'Europe occidentale sont engagés dans les guerres de colonies et où ceux de l'Europe orientale méditent le partage de la Pologne. Il place la force des gouvernements dans leur intelligence et leurs lumières, et il croit par conséquent que la politique changera : qu'au soin de l'équilibre à maintenir entre les peuples elle devra substituer un jour celui de leurs intérêts communs à satisfaire, comme dans l'intérieur de chaque État sur l'équilibre des priviléges renversés devra s'élever l'unité nationale. Turgot osait parler de paix, comme nous en parlons aujourd'hui, après une guerre européenne qui a popularisé les idées françaises, et lorsque nous voyons les vieilles monarchies militaires prendre elles-mêmes l'initiative de ces révolutions pacifiques qui sont la gloire de notre temps.

Voilà ce qu'il sut comprendre, et, disons-le, c'est à ce sentiment de l'avenir qu'il dut toute sa valeur politique. Dans cette société dégénérée du xviiie siècle, Turgot, comme tous les hommes à vues vraiment élevées, ne voulut pas se contenter d'attaquer le pouvoir par une opposition stérile; il pensa que le pouvoir valait mieux peut-être que ses détracteurs; en l'attaquant à son tour, il voulut apporter des idées de gouvernement et mettre la règle où elle n'était pas. Il étudia donc les principes en toute chose et il fut homme de gouvernement jusque dans l'opposition. Cela l'empêcha d'être populaire, mais il ne faisait que sacrifier la popularité du présent à celle de l'avenir.

J'aurais voulu le voir dans une de nos grandes assemblées nationales. Il n'eût pris la direction d'aucun des partis; il se fût élevé au-dessus d'eux, de manière à les dominer tous. Il eût arrêté la fougue des uns et stimulé l'inertie des autres. Il eût exercé l'ascendant inévitable d'un beau talent et d'un noble caractère, et l'on ne peut douter que la gravité de sa parole, son abnégation personnelle bien connue, sa persévérance à poursuivre malgré les obstacles le but qu'il s'était fixé n'eussent fait de son nom un de nos grands noms parlementaires. J'aurais voulu le voir surtout, retenant dans son lit le torrent déchaîné et faisant taire de sa voix puissante les mille voix confuses de la révolution française.

Il était préparé à ce rôle par sa vie entière qui fut un combat. Le xviiiᵉ siècle a conquis la liberté d'opinion à laquelle nous avons ajouté celle de la parole. Il a ouvert le champ où se sont agitées toutes les questions qui intéressaient l'avenir de la France et du monde. Sa littérature, qu'on a souvent comparée à notre journalisme, avait l'avantage d'être plus étrangère aux luttes des partis, de vivre dans une sphère plus élevée et de savoir mieux garder son rang. Mais ce qu'il faut voir en elle, c'est surtout l'origine de notre tribune dont elle avait déjà la gravité et l'importance. C'était la condition de tous les talents de se former, de se développer à cette tribune naissante devant un auditoire composé de tous les hommes éclairés de l'Europe. Y paraître, y briller à son tour, c'était se frayer le chemin du pouvoir.

Turgot y parut, avec ces qualités d'homme d'action qui marquèrent sa place dans l'administration avant de la marquer au ministère. Il fut envoyé dans l'intendance de Limoges où il justifia le mot de Voltaire qu'un intendant pouvait faire le bien. Ce fut pour lui un temps d'épreuve et de préparation pendant lequel il observa de près les misères qu'il voulait guérir. Relégué dans une des généralités les plus pauvres de la France et les plus éloignées des grands centres, il n'eut d'autre pensée que celle d'accroître le bien-être et la prospérité morale de la province. Il resta fidèle à sa méthode de remonter toujours aux principes pour résoudre la dernière question de détail, et il appliqua les règles qu'il s'était faites au sujet des rapports des particuliers et de l'État, ménageant partout la liberté qu'il savait concilier avec l'ordre. C'est par là que tous ses travaux ont une égale valeur. La portée de ses actes est la même, qu'il s'agisse de minces intérêts locaux ou que les questions débattues regardent la France entière. Turgot a généralisé tous les points qu'il a touchés et déterminé l'action mal définie du pouvoir administratif.

Nous ne comprenons plus aujourd'hui toutes les misères d'autrefois; nous ne savons plus comment la plus légère augmentation des taxes, ou la moindre hausse des céréales livrait des populations entières à la famine. Dans la généralité de Limoges, ni la charité des riches, ni l'introduction de cultures nouvelles, ni l'abaissement du chiffre de la taille n'empêchent qu'il ne reste

« *quatre-vingt-dix mille livres imposées sur des personnes qui n'ont* « *pas eu de quoi se nourrir.* » De pareils faits expliquent l'énergie et la permanence des protestations de Turgot. Il parlera jusqu'à ce qu'on l'entende ; il se répétera chaque année. Et qu'importe qu'il se répète ? Ne faut-il pas qu'il apprenne à l'État quelle est la mesure de son droit et ce qui peut être exigé d'une semblable misère ? « *A proprement parler*, s'écrie-t-il, *nous ne demandons point.* » Non, ce sont les faits qui parlent, et leur exposé est d'une assez grande éloquence.

Turgot mettait, avec raison, beaucoup de ces maux sur le compte du métayage, mais il n'hésitait pas à en signaler la cause première : le privilége. L'impôt, qui ne frappait pas le seigneur, ruinait le métayer, et si Quesnay avait eu raison de dire : « Pauvre « peuple, pauvre prince, » il aurait pu ajouter : « Pauvres métayers, « pauvres seigneurs. » Bien peu de propriétaires savaient comprendre cette vérité. Le préjugé, ou un égoïsme mal entendu, leur servaient de règle. Faut-il dès lors s'étonner que l'État suivît la même règle à son tour ?

Oui, le privilége, Protée insaisissable, qui se multipliait sous mille formes, était alors la plaie vive de la société. Ici, les exemptions du clergé et de la noblesse, faisant retomber une contribution plus lourde sur les cultivateurs ; là, les monopoles enchaînant le commerce et l'industrie. Les immunités s'appliquaient aux taxes indirectes elles-mêmes ; les octrois, auxquels les privilégiés savaient se soustraire, n'élevaient de murailles autour des marchés des villes que pour les gens de campagne, et l'on comprend devant de pareils abus que l'impôt indirect fît douter de ses avantages. Jusqu'où ne s'étend pas la force d'un usage et l'empire d'un préjugé ? Dans les œuvres mêmes de charité, Turgot nous l'atteste, le privilége avait trouvé sa place, et il fallut, pour suspendre son effet, un rare courage, puisque jusqu'alors aucun intendant ne l'avait osé.

Turgot aurait voulu supprimer le privilége des propriétaires fonciers, et je demande qu'il me soit permis d'insister ici sur quelques réformes administratives, dont l'intérêt se comprendrait mieux, si l'on pouvait oublier les progrès accomplis depuis ce temps. M. de Machault avait établi l'impôt des vingtièmes, proportionnel au revenu de chacun, et que tout le monde devait payer sans distinction. Turgot demanda que les vingtièmes, temporaires dans le principe, fussent maintenus au delà du terme fixé ; il espérait rendre un jour permanent un impôt pour lequel il n'y avait point de privilége, et faire abandonner jusqu'à concurrence d'une somme égale ceux pour lesquels le privilége existait. Mais quand il fallut déterminer les revenus et faire un cadastre, l'obstacle du privilége reparut encore. Turgot se plaignit donc que l'évaluation des fiefs fût rendue plus difficile, entourée de plus de formalités que celle des terres roturières ; il se plaignit surtout qu'on laissât aux seigneurs une sorte de contrôle sur l'estimation des terres d'un pays. Il entreprit de proportionner l'impôt à toutes les variations de valeur que les propriétés éprouvaient, et de remplacer ainsi la *taille arbitraire* par la *taille tarifée,* œuvre de dévouement à laquelle il sacrifia jusqu'aux espérances d'une légitime ambition (1). Il força le ministre d'entrer dans ses vues, et il chercha des associés pour ce difficile travail dans tous les rangs, jusque dans ceux des curés de campagne. Il fit un appel à tous les hommes éclairés qui voient de près le cultivateur, qui exercent sur lui une sérieuse influence, et l'impôt direct fut réparti, dans sa généralité, avec une justice qu'elle n'avait jamais connue.

Autant cette répartition était autrefois inégale, autant la perception était onéreuse. Comme les collecteurs étaient responsables des non-recouvrements, les plus riches de chaque paroisse craignaient d'être désignés pour ce coûteux honneur, et cherchaient une demeure plus sûre dans l'enceinte des villes. Turgot demanda et obtint que cette perception fût confiée à des agents rémunérés par l'État.

L'administration financière était encore telle qu'au moyen âge ; Sully et Colbert en avaient réformé beaucoup d'abus sans en changer la base. Elle ne se trouvait plus en rapport avec une société renouvelée et des besoins tout différents. Turgot, qui ne mesurait pas la valeur des institutions à leur ancienneté, s'éleva contre la variété infinie des impôts, créés sans règle, selon les

____

(1) On sait que, pour achever le cadastre de la généralité de Limoges, il refusa l'intendance de Lyon.

lieux et selon les temps (1). Il voulait un impôt simple, uniforme, proportionné aux fortunes des contribuables, qui n'atteignît pas toute la richesse, mais seulement la richesse disponible, et ne frappât jamais le pauvre jusque dans sa substance. Tel était celui que Quesnay avait proposé de lever sur le produit net des terres, projet qui eut une grande fortune, quoiqu'il reposât sur une erreur de raisonnement. Que cette fortune ne nous étonne pas : les théories les plus abstraites, ajoutons aussi les plus exclusives, réussissent toujours par l'à-propos. Or, le projet de l'impôt unique sur les terres, c'était l'épée d'Alexandre tranchant la question jusqu'alors insoluble des priviléges en matière de charges publiques. On croyait faire tomber ces charges, par une application rigoureuse du système des physiocrates sur les classes de la nation qui pouvaient le mieux les supporter, qui jusqu'alors s'y étaient soustraites. La noblesse et le clergé, au lieu de servir l'État par des contributions inégales, irrégulières, seraient rentrés dans le droit commun. Le niveau aurait passé sur ces distinctions que l'histoire nous fait comprendre, mais qui n'avaient plus aucun sens, et qui n'en eurent jamais au point de vue de la raison. C'est par ces considérations que Turgot se décidait à faire porter tout le poids de l'impôt sur les terres et sur l'agriculture, tandis que Graslin, le célèbre fermier de Nantes, prouvait d'une manière victorieuse, malgré l'infériorité du style et du talent, que l'industrie et le commerce produisent, comme l'agriculture, une richesse disponible, et par conséquent une richesse imposable.

Telle fut l'erreur des physiocrates, et je ne veux pas examiner si Turgot eût échappé dans la pratique aux conséquences d'une fausse doctrine ; mais, comme il ne faisait qu'exécuter les ordres du ministre, il réussit à prouver qu'au second rang de l'administration, les grandes idées, fussent-elles systématiques, ne nuisent jamais. Écoutons-le s'adresser à l'abbé Terray, insister pour que

(1) Les taxes indirectes lui paraissaient pour la plupart difficiles à justifier. Et je dois rappeler que, parmi ces taxes, on comptait encore un grand nombre d'anciens droits, féodaux par l'origine, réunis plus tard au domaine royal lorsque l'administration, en se centralisant, avait substitué l'arbitraire du roi à celui des seigneurs, mais qu'alors la fiscalité seule pouvait défendre.

le pouvoir cesse de paraître aux yeux du peuple comme un ennemi, conjurer le ministre de donner à toutes ses opérations la
plus grande publicité, afin d'écarter la défiance. Ses instructions
à ses subordonnés trahissent, à leur tour, une sollicitude inquiète
et paternelle; il veut tout connaître : l'état de l'agriculture et les
améliorations qu'elle attend , les industries que l'on peut établir
ou perfectionner. Il recommande à ses agents de conférer avec
les curés de campagne, et les seigneurs qui paraissent aimer
leurs paysans. Toute opération administrative devient pour lui
l'occasion d'une enquête matérielle et d'une enquête morale.

Dans son intendance, il joue un double rôle : il représente le
pouvoir vis-à-vis de ses administrés, et il fait de l'opposition
vis-à-vis du pouvoir. Il poursuit l'œuvre qu'il a entreprise, simple
écrivain, et je ne puis m'empêcher de répéter une comparaison
que j'ai déjà faite, car il eut nos idées de gouvernement sous un
gouvernement dont les formes étaient différentes ; c'est déjà le
député qui parle à la tribune, qui discute article par article les
projets de loi du ministère. Son expérience administrative fait
disparaître l'aridité de ces questions secondaires, qui, rattachées
aux grands principes, deviennent aussitôt des questions générales.

Turgot attaqua encore d'autres priviléges que ceux des propriétaires fonciers; partisan de la libre concurrence, il combattit
tous les monopoles, en commençant par le plus considérable ,
celui des colonies. Le premier, il montra les effets nécessaires
d'une politique funeste, suivie trop longtemps. Il prédit l'indé-
pendance des Anglo-Américains, et l'obligation où seraient tous
les États d'Europe de modifier leur système pour garder leurs
colonies. Il proposa donc de déclarer libre sur-le-champ le commerce colonial, et il annonça que cette liberté se ferait reconnaître un jour de gré ou de force, parce qu'il vient un jour où
l'ordre naturel doit être inévitablement rétabli. A plus forte raison s'éleva-t-il contre les anciennes décisions qui, réservant ex-
clusivement à une ville, à une compagnie, le profit de ce monopole, enrichissaient la Rochelle au détriment de plusieurs provinces dont les habitants « Français, enfants de l'État, avaient les
mêmes droits à la protection du souverain. »

Turgot demanda, comme le moyen le plus efficace pour la

protection du commerce et de l'industrie, la suppression des douanes intérieures. Il attaqua même les douanes des frontières, aussi nuisibles, selon lui, aux nationaux qu'aux étrangers. Il ne comprenait pas que, pour développer la fabrication de certains produits, on empêchât les étrangers d'introduire en France des produits semblables, comme s'il était de l'intérêt général, sauf quelques rares circonstances, de payer plus cher à des producteurs français ce que les étrangers fournissent à meilleur prix. La seule protection juste à ses yeux, et vraiment utile, consistait à supprimer les taxes d'exportation que Colbert avait déjà réduites, mais qu'il n'avait pas fait disparaître. Ainsi Turgot portait au système prohibitif de rudes atteintes ; sans le renverser brusquement, il recommandait qu'on s'en servît avec les ménagements nécessaires, comme d'une arme dangereuse, que le temps et l'expérience devaient partout faire abandonner. Voilà comment il comprenait cette grande révolution économique, qui n'est peut-être pas achevée aujourd'hui, et que nous ne pouvons bien apprécier encore, parce que nous en sommes encore les témoins. Convaincu que le gouvernement devait la diriger, il invoqua la réforme immédiate des parties de la législation les plus défectueuses, au point de vue de ces doctrines nouvelles; il voulut affranchir le commerce de l'argent et celui des grains des entraves dont on les avait chargés.

Il prouva que l'argent, loin d'être stérile, comme on l'avait cru, par une fausse interprétation du texte des Écritures, ressemblait à toutes les autres marchandises ; que le propriétaire pouvait en disposer à son gré et en tirer un intérêt légitime ; que cet intérêt servait, enfin, les besoins du commerce. Il distingue le prêt à intérêt, parfaitement légitime en lui-même, de l'usure, c'est-à-dire de l'abus qu'on en peut faire, lorsqu'on viole la règle qui défend de s'enrichir du bien d'autrui. Il reprochait aux lois existantes sur cette matière de favoriser la fraude, sous prétexte de protéger la morale publique, de dissimuler en vain leur impuissance par la sévérité des peines qu'elles prononçaient, et il ne craignait pas de leur imputer les coupables manœuvres qui avaient jeté le trouble sur la place d'Angoulême. Il insista donc pour que la législation du prêt à intérêt fût revisée, pour qu'on flétrît l'abus sans proscrire des transactions indispensables au crédit.

La question des grains était d'un intérêt peut-être plus élevé pour un pays essentiellement agricole ; elle était la première aux yeux des physiocrates, qui attribuaient aux produits de la terre une exclusive supériorité. Turgot, dans des lettres éloquentes, qui renferment, il faut le dire, toutes les erreurs de son école sur le produit net, montrait du moins, par un heureux emploi de la statistique, les services qu'elle pouvait rendre, demandait que la création d'entrepôts fût abandonnée à l'industrie privée, et réfutait victorieusement ceux qui voulaient assurer à l'État le monopole des grains. Ses réponses aux ennemis de la liberté commerciale seraient encore bonnes, adressées à nos réformateurs modernes, qui, par un abus du principe d'association, substituent toujours dans leurs projets l'action de l'État à celle des particuliers. Si nous rencontrons quelques arguments empruntés à un système imparfait, oublions-les, pour ne voir dans l'auteur de ces lettres que l'interprète du peuple; réclamant avec la plus impérieuse énergie qu'on l'assurât contre la famine, si commune autrefois, et au sein même de la France. Aussi Turgot, croyant remplir un devoir sacré, osa-t-il braver jusqu'aux dédains d'un ministre assez éclairé pour le comprendre et trop égoïste pour suivre ses avis.

C'est surtout en lisant ses travaux sur la disette de 1770 qu'on apprend à le connaître, qu'on découvre les ressources de cette activité infatigable, de ce dévouement sans bornes, alliés à une volonté qui ne fléchit pas. Voyez-le maintenir, malgré le peuple, malgré les ordonnances même des lieutenants de police, la liberté du commerce des grains, supprimer les priviléges pour la fabrication et la vente du pain, enjoindre aux propriétaires de nourrir leurs métayers, en leur rappelant que c'est un devoir, et que leur intérêt même s'accorde avec ce devoir. Voyez-le préparer pour les pauvres des ateliers de travail, assurer dans une épidémie les secours des médecins aux habitants des campagnes, forcer l'égoïsme des classes riches jusque dans le privilége où il se retranche, établir enfin le principe de l'association pour les œuvres de charité, principe si fécond de nos jours et dont la fécondité n'est cependant pas épuisée encore. Quels soins prévoyants pour supprimer la mendicité dans une famine, et lorsqu'elle était depuis des siècles la ressource héréditaire d'une partie de la population, pour remplacer auprès du pauvre l'aumône incertaine du pain que le riche lui donne par celle du travail que l'État lui assure? Des cultures nouvelles exigent plus de bras ; des ateliers s'élèvent pour les hommes, des filatures pour les enfants et les femmes. Turgot ne craignait pas d'importuner le ministre pour obtenir les sommes nécessaires à ces entreprises. Il savait que ces avances pouvaient seules donner une valeur au travail qui est un droit pour l'homme, aussi bien qu'un devoir.

Oui, un droit pour l'homme, et ce n'était pas une flatterie adressée au peuple, que personne ne flattait alors. Turgot voulait simplement que l'État prît en main les intérêts du grand nombre et rendît toute la justice qu'un gouvernement doit aux siens. Ces réclamations, dont on a tant abusé, dont l'esprit de parti s'est fait une arme, et qui souvent ne sont plus qu'un anachronisme, étaient alors simples et belles, tant la cause populaire avoir besoin de défenseurs. Que dire des corvées, soit pour l'entretien des chemins, soit pour les convois militaires, impôt qui, sous une simplicité apparente, cachait le vice de la plus inégale répartition, et perpétuait la misère des campagnes? Turgot n'hésita pas à le remplacer par une contribution en argent, que payeraient tous les propriétaires, sans distinction de priviléges. Il avait compris que l'association pour le payement d'un impôt rend cet impôt plus léger, comme l'association pour des œuvres de charité rend ces œuvres plus productives.

Faut-il rappeler le poids nouveau ajouté par les levées de milice au fardeau déjà si lourd du service militaire? Turgot avait su le rendre moins sensible. Il ne demandait pas que le service fût au même titre obligatoire pour tous, égalité absolue, injustice suprême ; seulement il tolérait les substitutions, les mises au chapeau, collecte faite par tous les appelés en faveur de ceux que désignait le sort, les engagements volontaires, comme propres à faire une carrière du métier des armes, et à conserver sous le drapeau des soldats exercés. Sa règle était toujours la même : que le droit de l'État est limité, et que s'il doit être préféré à celui des particuliers, du moins il ne peut le détruire.

Ces sentiments d'humanité, si profonds et si vrais, donnent à tous ses actes une valeur, comme ils ajoutent une éloquence nouvelle à ses écrits. Mais combien les lumières de la raison sont faibles quand les préjugés sont aveugles? Turgot qui aimait le peuple savait aussi qu'il l'aimait seul, et l'on sent quelque amertume dans ces pages où la philanthropie s'élève presque jusqu'à la charité. « Je n'ai point oublié, disait-il à l'abbé Terray, que vous m'avez flatté de me lire, et j'ose vous en prier encore. »

Les administrés ne se laissaient pas mieux convaincre. Turgot, pensant que les lois n'ont de force qu'autant qu'elles s'accordent avec les idées reçues, voulut changer les idées. Administrateur, il rendit le premier peut-être un compte régulier de ses vues, et il appela sur ses actes toute la publicité possible de son temps. Il ouvre chacune de ses ordonnances par un consciencieux exposé de motifs, comme un ministre constitutionnel qui présenterait un projet de loi. Avant d'ordonner, il persuade. *Les ordres mêmes doivent être semés en terre préparée.*

C'est ainsi que beaucoup de nos doctrines politiques étaient déjà les siennes. Il imposait à ceux qui gouvernent l'obligation d'agir au grand jour, sous les yeux et le contrôle de tous, parce qu'il croyait à leur responsabilité. Il tint ce langage avant d'être au pouvoir et ne le changea par lorsqu'il y fut : telle fut la glorieuse innovation, tel est encore le caractère remarquable de son ministère.

Dans un temps d'urgentes réformes, où l'indécision et le scepticisme avaient affaibli le gouvernement, Turgot, l'homme actif et convaincu, devenait le successeur naturel de l'abbé Terray. Ses talents et le dévouement de toute sa vie lui avaient frayé la route du pouvoir. Il n'avait point de rivaux, ni parmi les administrateurs ni parmi les intendants, et je dois rappeler que beaucoup de ces intendants furent des hommes d'un mérite incontestable, dont les travaux seraient encore aujourd'hui justement célèbres, et beaucoup mieux appréciés, si la grande révolution n'avait tout détruit pour tout reconstruire. Mais il faut que l'esprit d'un siècle se révèle dans les moindres événements : ce fut le hasard d'une intrigue qui fit Turgot ministre, et son ministère fut aussitôt attaqué par une vaste coalition, comme si le hasard s'était repenti d'avoir choisi cette fois un homme supérieur.

Turgot écrivit à Louis XVI en lui annonçant qu'il acceptait le contrôle général des finances : « Je serai craint, haï même de la « plus grande partie de la cour. » Comment en eût-il été autement aux yeux des hommes qui ne savaient ni oublier ni apprendre ; pour celui qui avait oublié le privilége et appris l'égalité, oublié le bon plaisir et appris les droits de la nation ? Il apportait au pouvoir tous les principes de gouvernement qu'il avait soutenus dans l'opposition. Il connaissait depuis longtemps les obstacles qu'il affrontait, mais il les voyait d'un œil calme ; il savait quelle était la cour et quelle distance la séparait déjà du peuple. Écrivain, il avait lutté contre le public ; intendant, contre le ministre ; ministre, il lutta contre la cour et contre le roi. « Sire, il faut vous armer contre votre bonté de votre bonté « même. » Flatterie délicate, mais ingénieuse ironie.

En présentant l'économie et l'épargne comme le premier remède des maux financiers, il annonça qu'il serait plus fidèle à ce plan qu'aucun de ses prédécesseurs, et qu'il ne l'abandonnerait pas, même à ses dépens. *Point de banqueroute, ni d'augmentation d'impôts, ni d'emprunt.* Il espérait accroître le revenu par une répartition plus égale et plus simple. Il voyait déjà la culture améliorée, l'impôt combiné de manière à favoriser la production au lieu de la paralyser ; enfin les abus supprimés, mais cette suppression était le nœud gordien que la révolution seule pouvait trancher ; tout était devenu abus sous l'ancienne monarchie.

Telles furent les conditions acceptées par le roi ; Turgot n'en eut pas moins à la cour la minorité des suffrages. Ceux auxquels il avait annoncé qu'il refuserait toute grâce, lui déclarèrent la guerre, guerre sans franchise et sans noblesse, comme celle que font les courtisans dans les monarchies absolues où les partis sont remplacés par des coteries, et où l'opposition n'est trop souvent qu'une intrigue ; on vit au premier rang de ses ennemis le propre frère du roi, et, dans le ministère même, le garde des sceaux de Miroménil et le comte de Maurepas qui avait fait son élévation sans le connaître. Venaient ensuite tous les privilégiés, clergé, noblesse, parlement, ces derniers attachés plus fortement que jamais au maintien des anciens usages, et jaloux de quiconque montait au pouvoir sans sortir de leurs bancs. La coalition était générale et formidable ; Turgot brava le danger.

Dans sa lutte contre des adversaires passionnés et d'autant plus violents qu'ils tentaient un dernier effort pour sauver des doctrines auxquelles échappait le monde, Turgot, profondément convaincu et fort de son droit, n'eut que Louis XVI pour soutien, et Malesherbes pour ami. Qui eût dit alors que la France dût quinze ans plus tard envoyer à la constituante les députés de tous ses bailliages pour battre en brèche, d'un accord unanime, les ruines de sa vieille monarchie et sceller un nouveau pacte d'alliance entre la couronne et la nation ? Pourquoi le pays resta-t-il muet alors ? Les temps n'étaient donc pas venus, ou la mesure n'était pas comblée. Le peu de succès de Turgot prouva que la révolution, désormais inévitable, ne devait pas être l'œuvre d'un homme.

On reconnaît dans l'accent du ministre qui s'adresse au roi le pressentiment d'un grave danger. Telle institution, tel fait qu'amène d'abord le besoin des temps, devient à la longue une grande injustice. Or, il établit deux principes également vrais, qu'en corrigeant l'injustice il faut respecter les droits acquis, et que pourtant un gouvernement est solidaire des injustices sociales qu'il ne corrige pas. Ne soyons donc pas étonnés de l'entendre dire à Louis XVI, comme autrefois Albéroni à Philippe V : « Je « veux qu'avant dix ans la nation ne soit plus reconnaissable. »

Veut-on savoir quelles idées personnelles et vraiment neuves il a portées dans l'exercice du pouvoir, car il est heureux d'invoquer le patronage de ses devanciers et de prendre leur mémoire pour égide. Pour la plupart des réformes qu'il voulait faire, il trouvait des précédents. La régularité établie dans les diverses branches de l'administration et les sources de la richesse publique rendues plus fécondes sous Colbert, le privilége frappé au moins de coups détournés par les frères Paris, l'économie dans les dépenses réglées par Orri, la répartition des taxes améliorées par M. de Machault. Turgot marche dans la route qui lui a été tracée, mais jamais ministre n'avait conformé sa conduite à des

règles abstraites. Turgot prend pour point de départ de ses ordonnances les principes mêmes de chaque matière, et comme on
avait jusqu'alors négligé les théories dans les questions administratives, il croit devoir les invoquer en toute circonstance.

C'est lui qui a écrit ces mots prophétiques sur le droit du
roi : « Votre Majesté règne par son pouvoir sur le moment présent. Elle ne peut régner sur l'avenir que par la raison qui aura
présidé à ses lois, par la justice qui en sera la base, par la re-
connaissance des peuples. » Idée aussi neuve qu'elle nous paraît
simple ; avant Turgot on ne la trouve exprimée que par Fénelon.
Le droit de la royauté avait été jusqu'alors un droit divin. Or,
les pouvoirs de droit divin sont absolus et n'ont de limite que
dans la religion ; comme elle leur prête un appui moral, elle
réprime aussi leurs écarts. Turgot regardait, avec les philosophes
du dix-huitième siècle, les gouvernements comme de droit humain ; il ne leur ôtait pas leur responsabilité sous l'œil de Dieu,
mais il leur donnait leurs sujets pour premiers juges. Il cessait
ainsi de confondre les devoirs du prince envers son peuple et
ses devoirs envers le ciel. Il croyait qu'un contrat réciproque
règle tous les rapports des sujets et du souverain, principe que
bien peu de gouvernements contesteraient aujourd'hui, et,
nouvel exemple de ces idées, qui n'étant alors rien moins
que populaires, sont devenues la monnaie courante de notre
temps.

Il apporta encore au ministère ce besoin de publicité fait pour
effrayer les mânes des anciens contrôleurs des finances, mais
surtout pour épouvanter la cour. Il voulait que toutes les dépenses lui fussent soumises et que leur chiffre fût officiellement connu ;
car il osait dire que l'Etat qui exige les comptes de ses agents,
doit rendre les siens à la nation. Qui croirait que, depuis madame
de Pompadour, plus du tiers du revenu annuel était livré au
prince ou à son entourage par les acquits de comptant ? Turgot
imposa un maximum à ces prodigalités. Il avait refusé les sommes
qu'on lui avait allouées pour son installation, et il était aussi sévère pour les autres que pour lui-même. Ces commencements de
publicité qui précédèrent le fameux *Compte-Rendu*, ce contrôle

trop actif pour que la cour voulût s'y soumettre, préparèrent de loin un violent orage auquel le ministre ne put résister.

Voilà ce qui appartient en propre à Turgot et ce qui le distingue de ses devanciers. Mais il faut examiner ses actes de plus près pour reconnaître, à côté de l'homme de génie qui réalise une idée générale, l'administrateur exercé que chaque détail intéresse. Les actes de son ministère sont, comme ceux de son intendance, l'expression vivante de ses doctrines.

La famine désole encore la France en 1774, en 1775. Partout la cherté des grains excite des murmures, en plusieurs lieux des soulèvements. Les plaintes que faisait l'intendant de Limoges, Turgot, ministre, les entend de toutes parts. Favorable occasion pour accomplir ces projets qu'il soumettait à l'abbé Terray avec de si vaines instances. Il établit donc la liberté du commerce des grains, étend cette liberté à d'autres objets de subsistance et aux denrées les plus communes. Il suspend les droits levés sur les blés à l'entrée de différentes villes, supprime les priviléges, les offices, les monopoles qui gênent le marché, ne fait grâce qu'aux charges utiles, et ne laisse percevoir que les taxes nécessaires pour la rémunération de ces charges. Cela ne suffit pas encore : les seigneurs ont des droits sur les grains de leurs métayers, Turgot ne détruit pas le privilége, c'eût été décréter la révolution, mais il frappe l'arbitraire. Il nomme une commission pour vérifier en six mois les titres de propriété des seigneurs, et les exproprier en les indemnisant. Il ramène ainsi l'abondance sur le marché, et rend au pays une de ses richesses, dont les mauvaises mesures financières avaient semblé prendre à tâche de tarir la source. Par une application mieux entendue du système protecteur, il réserve les gratifications aux seuls commerçants qui font entrer dans le royaume les blés de l'Allemagne ou de la Pologne.

Malgré ces efforts pour assurer la *subsistance journalière et souvent unique* du peuple, malgré cette active sollicitude pour arrêter les accapareurs et maintenir le prix du pain à un taux qui ne dépassât que faiblement celui du blé, la disette, à Paris surtout, fut vivement sentie. Bientôt le peuple, excité par les monopoleurs, demanda le renvoi du ministre. Rien n'est prompt comme un soulèvement populaire, quand la famine vient frapper aux portes d'une ville, et que les ennemis du pouvoir évoquent son hideux fantôme. Mais lorsque les craintes eussent été sérieuses, et elles étaient à dessein très-exagérées, Turgot était-il responsable de ce soulèvement? Si les insurgés se portèrent en foule à Versailles, et si l'on craignit de plus grands excès, ce n'est pas le ministre, c'est la cour elle-même qu'il faut accuser. Le bruit récent des dernières orgies de Louis XV, les coups d'État d'un pouvoir arbitraire, enfin, cet égoïsme obstiné de la noblesse, qui perdait le trône en se perdant elle-même, voilà les véritables causes du soulèvement. Quant à Turgot, il était de la Cour, et, malgré l'opposition qu'il y rencontrait, le peuple ne pouvait l'en séparer. Dans l'ancienne monarchie comme dans la nouvelle, l'instinct populaire déclarait le roi irresponsable et le mettait à couvert derrière le ministre. Louis XVI était innocent; Turgot en était-il plus coupable? La cour, par un nouvel égarement, voulut abandonner au peuple une victime, et apaiser un ennemi par le sacrifice d'un autre ennemi. Ainsi Turgot vit s'unir contre lui le ressentiment aveugle des populations et la haine des gens de cour. Il sut pourtant convaincre le roi. Obligé d'appeler les troupes et de frapper l'émeute, il ne fit de la force qu'un usage limité, et se montra aussi humain que sévère. Malgré l'abandon de tous, armé de cette inflexible conviction, que ses adversaires taxaient d'orgueil, il resta fidèle à ce qu'il croyait la vérité. Il ne désespéra pas de rappeler les esprits à de plus justes sentiments, et de se faire mieux comprendre; il en appela du pays mal informé au pays mieux informé. Pour unir aux ordres la persuasion, il implora l'appui du clergé, et emprunta la voix de ses chaires de village. Il sut engager tous ses membres, depuis les archevêques jusqu'aux simples vicaires, à propager de saines doctrines au sujet des grains, et à prêter au gouvernement, en éclairant la nation, le soutien d'une autorité doublement bienfaisante.

C'était peut-être une réponse suffisante au reproche d'affamer le peuple; il y répondit encore en rendant les secours publics plus efficaces et plus nombreux. C'est lui qui a vraiment créé en France la charité légale, charité plus puissante qu'on ne croit. Si les populations ne sont plus, comme alors, périodiquement décimées par la misère, elle n'y a pas peu contribué. Avons-nous d'ailleurs fait faire un seul pas de plus à la solution du problème ? Nous savons que le travail doit remplacer l'aumône ; savons-nous mieux que Turgot comment l'Etat doit s'y prendre pour ouvrir des ateliers publics dans les temps de chômage, sans porter atteinte à la liberté de l'industrie ?

Turgot avait compris que c'était là un grave danger ; il aurait voulu fonder cette liberté de l'industrie dont il avait été l'un des premiers apôtres. Son vœu était que chaque particulier n'eût que l'Etat au-dessus de lui, et se trouvât affranchi de toute tyrannie étrangère. De là le fameux projet d'édit contre les maîtrises et les jurandes, projet qui souleva la bourgeoisie armée de priviléges, aussi funestes, sinon aussi odieux que ceux de la noblesse. Nous ne pouvons comprendre aujourd'hui qu'il y a moins d'un siècle l'exercice et surtout le perfectionnement des métiers fût partout restreint à un nombre d'hommes déterminé, que chaque profession fût soumise à des règles autres que celles de police, et que la qualité de maître, devenue presque héréditaire, établît comme une aristocratie de naissance au sein des classes ouvrières. Turgot, pour être conséquent avec lui-même, ne devait pas se contenter de reconnaître le droit au travail ; il devait encore rendre ce droit efficace, et dans ce but abolir les gênes, les entraves de toute espèce auxquelles le soumettaient les maîtrises et les jurandes. Mais les priviléges à tous les degrés trouvaient des défenseurs. Un avocat général au parlement ne craignit pas de soutenir que ces entraves faisaient à la fois la prospérité du commerce et la gloire de la France.

On ne peut être surpris que Turgot, favorable d'ailleurs à toutes les institutions libérales, ne se soit pas élevé jusqu'à l'idée du gouvernement représentatif ; les parlements et les Etats provinciaux qui offraient seuls dans l'ancienne monarchie une pâle image de ce gouvernement, opposèrent à toutes ses réformes un mur d'airain. Nier le bien que ces deux genres d'assemblée ont produit, les services qu'elles ont rendus, ce serait mal comprendre l'histoire. Mais il faut reconnaître qu'elles étaient devenues un perpétuel obstacle ? Ce qui avait fait leur force et leur grandeur, je veux dire l'esprit de corps et la fidélité des traditions, en les empêchant de s'ouvrir aux idées nouvelles, rendait sou-

vent inutiles les lumières de leurs membres. Les parlements re-
gardaient encore les priviléges comme les garanties particulières
de chaque ordre, et croyaient, en prenant leur défense, défendre
la liberté. Avec la constitution du temps, ils n'avaient pas tout à
fait tort ; malheureusement leurs préjugés politiques les éloignè-
rent de toutes les réformes économiques en même temps que de
tous les sacrifices personnels.

Aussi avouèrent-ils hautement leur dessein, et si l'on trouve
quelque incertitude dans leur langage, on n'en trouve aucune
dans leurs actes. Turgot ne put les persuader. Ses lois, à quelques exceptions près, sont des lois d'intérêt local ; c'étaient les
seules pour lesquelles il n'éprouvât pas une trop vive, une insur-
montable résistance, encore furent-elles suivies de protestations,
et enregistrées après de longs retards. Le privilége n'hésitait pas
à se mettre lui-même en scène, et se croyait assez fort pour ac-
cepter le combat.

Aujourd'hui les arguments de ses deux principaux défenseurs,
du garde des sceaux de Miromesnil et de l'avocat du roi Séguier,
n'ont de valeur qu'au point de vue de l'histoire. Je veux parler
du débat que souleva cette belle et multiple ordonnance où Turgot propose entre autres mesures de remplacer les corvées par
une somme d'argent, répartie entre les propriétaires, et d'abolir
les maîtrises et les jurandes. Les observations du garde des
sceaux sur la première de ces réformes sont le manifeste des privilégiés. C'est la noblesse de robe ou d'épée qui vient exposer
ses titres et prouver sa raison d'être. Elle se défend, et dans sa
défense, elle n'épargne aucun artifice oratoire ; elle se sert de
toutes ses armes, quelle que soit leur trempe. Pour se justifier
ainsi, il faut avoir le glaive suspendu sur la tête ; le représentant,
le champion des nobles laisse apercevoir sous la fierté blessée et
un peu dédaigneuse de ses paroles, qu'il plaide une cause capi-
tale, que la décision prise aura toute la solennité d'un arrêt suprême.

Turgot, aussi réservé que profond dans son exposé de motifs,
s'anime par la contradiction et trouve une réponse pleine d'amertume. Il renonce aux ménagements, découvre toute sa pensée,
attaque le privilége corps à corps et de front ; il l'accuse d'en-

chaîner les forces du pays, d'obliger le pouvoir à de fausses dé-
marches pour le frapper et pour corriger une trop longue injustice. Aux souvenirs de l'histoire qu'invoque la noblesse, il
oppose sans détour les principes de la raison qui commande l'é-
galité civile, et il renverse sans peine ce frêle échafaudage de
paradoxes réunis à grands frais. Lorsqu'enfin la noblesse n'a pas
honte d'implorer pour ses souffrances la pitié du prince, et de
crier famine ; lorsqu'elle trouve le fardeau trop lourd pour ses
épaules, et mieux placé sur celles du peuple qui le supporte
mieux, les paroles de Turgot deviennent d'une franchise sévère.
Il rappelle la pitié royale sur qui de droit : « Quand un cheval
de poste, s'écrie-t-il, tombe excédé de fatigue, le cavalier tombe
aussi, mais le cheval est encore plus à plaindre. »

La loi sur les jurandes ne trouva pas dans l'avocat général Séguier un champion moins violent. Séguier était encore de cette
école qui, voyant des priviléges partout, priviléges pour le roi,
pour les nobles, pour le clergé, pour le parlement, pour la bourgeoisie, voulait maintenir la constitution fondée sur leur équilibre. C'était le talent de l'éloquence parlementaire de faire disparaître sous les protestations les plus respectueuses de dévouement envers le roi, une critique souvent amère de ses actes. Les
remontrances du lit de justice du 12 mars 1776 sont le chef-
d'œuvre du genre. Elles furent cependant trop violentes, et la
couronne, croyant sa dignité intéressée au triomphe de la bonne
cause, soutint le projet de Turgot. Il est vrai que la chute du
ministre, empêchant l'exécution des nouvelles lois, vint consoler
l'avocat général du mauvais succès de sa harangue, et le parlement de son enregistrement forcé. Turgot n'en avait pas moins
obtenu un grand succès : il avait obligé la magistrature à parler
la langue de l'économie et à traiter des questions qui n'avaient
guère été soulevées jusqu'alors dans les conseils de la nation.
Séguier regardait déjà comme un projet acceptable d'appliquer
l'armée aux travaux publics, et bien qu'aveuglé par les préven-
tions parlementaires, il ne laissait pas que de signaler quelques
justes effets de l'abolition des jurandes. Il prévoyait les abus de
la concurrence illimitée, la misère que produisent en un jour
l'encombrement des ouvriers, le manque de travaux, l'augmen-

tation trop rapide de la population des villes aux dépens de celle des campagnes.

Ne rabaissons point les adversaires de Turgot : ils savaient à merveille combattre ses principes dont ils devinaient les abus. Mais que cette sagacité apparente ne nous trompe pas. Les jurandes, d'origine féodale, étaient nées dans un temps où sans elles les métiers n'eussent pu s'établir. Les maîtrises, c'était l'application du privilége à l'industrie, et la loi de Louis XIV, qui les avait rendues générales, n'avait fait à cet égard qu'assigner à l'industrie, puissance nouvelle, son rang dans la société française. Féodalité, priviléges, tout cela tendait à disparaître vers la fin du dernier siècle, et Turgot voulait en hâter la chute. Les esprits élevés favorisaient cette révolution dont ils comprenaient la grandeur. Les esprits étroits s'y opposaient, parce qu'ils n'en saisissaient pas l'ensemble et la jugeaient par les points faibles.

J'ai dit qu'il y avait privilége pour tous, même pour le roi : je vais plus loin ; le privilége royal couvrait tous les autres de sa garantie. J'ai dit aussi que Turgot voulait une royauté de droit humain, dépouillée de ses prérogatives qui ne se justifiaient plus. Il ne respecta donc pas les abus du privilége royal. On connaît l'ordonnance de Henri III, par laquelle le prince vendait à ses sujets leur droit au travail ; on sait avec quelle ruineuse prodigalité les charges vénales s'étaient multipliées. Turgot supprima autant d'offices que les circonstances le permirent, et lorqu'il en jugea quelques-uns nécessaires, comme ceux des intendants de commerce, il les convertit en simples fonctions publiques, sans vénalité, auxquelles le roi nomma directement. Il pensait que le temps était venu de rendre à l'administration sa dignité, d'en faire autre chose qu'un expédient de finance, et il osait dire que les charges de l'État devaient être plutôt le prix du talent que celui de la fortune.

Faut-il énumérer les autres actes de son ministère ? L'abolition réciproque du droit d'aubaine entre la France et plusieurs villes libres d'Allemagne, acte qui devait ouvrir une série de conventions analogues avec les divers états de l'Europe et qu'on devait attendre du traducteur de Josias Tucker ; la liberté accordée à la Bretagne de faire le commerce directement par plusieurs de ses ports avec les colonies ; les livres étrangers affranchis de droits à leur entrée dans le royaume ; des taxes de toute espèce supprimées ou rendues plus légères ; la libre circulation [des vins proclamée après celle des blés, et la destruction des nombreux monopoles que cette industrie avait fait naître dans le midi de la France. Les intéressés résistaient, et invoquaient la multitude des jugements rendus en leur faveur. « Ces questions, répond Turgot, nous paraissent d'un ordre encore plus élevé ; elles sont liées aux premiers principes du droit naturel et du droit public entre nos diverses provinces. C'est l'intérêt du royaume entier que nous avons à peser ; ce sont les intérêts et les droits de tous nos sujets. »

Turgot eut donc le génie de la centralisation administrative qu'il croyait compatible avec la liberté, et il ne se contenta pas d'en avoir le génie ; il fit pour elle ce qu'il faisait pour toute chose. Partout où il trouvait une pratique, il mettait une doctrine. Il créa donc la théorie de la centralisation, et il sut l'appliquer aux services dont l'organisation lui était le plus opposée. Je n'en citerai qu'un exemple : les dépenses des travaux publics étaient autrefois réglées et acquittées par les intendants ou par les Etats provinciaux, hormis une somme légère portée au budget du prince pour les ponts et chaussées. Turgot fit, au nom de l'Etat, un fonds considérable pour améliorer la navigation intérieure, et attribua à un comité central la direction des travaux que les provinces ordonnaient seules avant lui. La haute surveillance était confiée à une commission choisie parmi les membres de l'Académie des sciences.

C'est d'après les mêmes vues qu'il proposa sa loi sur les routes et les grands chemins, dont le ministère de Fleury avait déjà richement doté la France, qu'il remplaça les corvées militaires, corvées locales comme celles des travaux publics, par une contribution générale ; qu'il convertit le bail du fermier des poudres et salpêtres en une régie administrée au compte de l'État ; qu'il créa même quelques grands monopoles, comme celui des messageries. Avant lui les transports étaient abandonnés à des entreprises particulières qui jouissaient de longues concessions, et dont le privilége empêchait la concurrence ; c'étaient autant de services locaux. Turgot créa le premier un service général ; il racheta tous les droits que l'Etat avait aliénés, et il montra clairement que s'il voulait la liberté industrielle, il ne lui sacrifiait jamais l'intérêt public.

Nous lui devons encore la suppression de la contrainte par corps solidaire en matière d'impositions, de nombreux règlements pour la répartition des charges publiques, et pour empêcher qu'on n'en dissipât le produit. Il ne cessait de proclamer la justice comme la meilleure règle de finance ; et il disait à Louis XVI : « Sire, il est dans la bonté de votre cœur, comme dans la justesse de votre esprit, de voir et de sentir que l'équité est une bonne ménagère. »

Tels furent ses actes, mais ses projets ne s'arrêtaient pas là. Il voulait supprimer tous les droits féodaux, et avec eux la loterie qu'il ne jugeait bonne qu'à démoraliser le peuple. Il avait conçu l'idée d'établir l'unité des poids et mesures, et chargé quelques géomètres de ce travail. Ajouterons-nous ses instructions sur la charité légale, la formation d'une société de médecine, un assez grand nombre de circulaires où il prescrit les mesures utiles contre la maladie épizootique qui affligea le midi de la France dans l'hiver de 1775 ; on verra combien fut rempli ce ministère qui ne dura pas même deux ans. Le ministre fut ce qu'avait été l'écrivain, l'homme actif, infatigable, éprouvant le besoin de mettre dans l'administration l'ordre qu'il avait mis dans ses propres travaux, et de régler l'Etat d'après l'idéal qu'il avait conçu. Il y a eu peut-être au pouvoir de plus grands hommes que Turgot ; nul à coup sûr ne s'est mieux dévoué au pays ; nul n'a élevé plus haut l'abnégation personnelle et montré surtout plus de conviction et de persévérance. On ne peut nier que sa disgrâce ait été pour la France un grand malheur. Elle la fit retomber dans le malaise inséparable d'une politique incertaine, malaise dont les efforts de M. Necker ne la tirèrent pas. L'assemblée constituante recommença l'œuvre de Turgot, mais trop tard. Il n'y avait plus que des ruines, et la main qui les toucha pour les affermir les fit tomber.

Turgot fut sans doute regretté alors de ceux pour qui le regret fut possible. Eût-il sauvé la France ? Comment le dire ? Mais le pouvoir eût exécuté lui-même une partie des changements qu'il fut obligé de subir, accomplis par d'autres mains. Quinze ans sont un long espace, même dans la vie des peuples, et suffisent pour prévenir bien des tempêtes. Ne jouirions-nous pas aujourd'hui des mêmes bienfaits, d'autant plus précieux que nous les aurions payés moins cher?

Est-ce illusion de panégyriste? le talent de Turgot me semble s'élever encore pendant son ministère. Ses exposés de motifs sont d'une gravité, d'une simplicité sublimes. Dans ces mémoires où il soumet au roi le projet de lois nouvelles, il agrandit l'horizon de ses vues. Il cherche à fonder la constitution sur l'équilibre des droits et des devoirs, et il pose déjà la question préliminaire des Etats généraux de 1789. « La France a-t-elle une constitution? » Non : la France n'en a pas. L'Etat de guerre est son état normal sous Louis XVI comme aux premiers jours de son histoire, car l'équilibre des forces diverses, c'est la guerre. « Sire, vous êtes forcé de statuer sur tout, et le plus souvent par des volontés particulières, tandis que vous pourriez gouverner, comme Dieu, par des lois générales. »

Mais comment appliquer aux gouvernements de la terre cette règle vraiment divine. Il faut, pour établir l'équilibre des droits et des devoirs, que chacun sache quels sont ses devoirs et ses droits. De là vient la nécessité de l'instruction publique donnée par l'Etat à côté de celle que donne la religion. Celle-ci formera l'homme pour le préparer à la vie future, celle là pour l'initier à la vie présente ; elle répandra ces connaissances simples sans lesquelles il ne peut y avoir de citoyens, parce que c'est l'intelligence qui fait les droits. Elle substituera aussi dans tous les arts les méthodes raisonnées aux pratiques routinières qui usurpent le nom d'expérience. Turgot veut donc que l'Etat élève une école dans chaque paroisse, qu'un conseil spécial placé au centre du gouvernement, veille à l'accomplissement de cette obligation, et fasse rédiger, d'après un plan commun, des livres élémentaires.

Il veut encore confier l'administration de chaque village à ses habitants, ou du moins à ses habitants sédentaires ; car les propriétaires du sol sont mieux éclairés sur leurs intérêts que les agents de l'Etat, souvent étrangers et placés trop loin. La commune doit être consultée, elle doit agir, bien que sous les yeux du gouvernement, dans tout ce qui touche à sa vie propre ; elle doit administrer ses biens, distribuer ses travaux, répartir ses taxes. Voilà les assemblées municipales constituées : au-dessus d'elles, d'autres assemblées de district ou d'élection, composées de députés des diverses paroisses, formeront comme une chaîne entre les municipalités et l'Etat.

Négligeons les règles d'administration locale qu'on croirait écrites par un contemporain. Turgot réunit dans ces assemblées les nobles, les ecclésiastiques, les membres du tiers ; enfants d'un même souverain, il les invite à se traiter en frères, et ne reconnaît aux deux premières classes que le titre d'aînées. Je dis le titre, mais sans aucuns droits, et voyez comment il savait concilier la rigueur des principes avec les exigences de son temps. Le même homme qui demandait l'égalité civile, comprenait que l'égalité politique n'était pas possible encore. Il voulait que la propriété territoriale donnât seule le droit d'être élu et presque seule le droit d'élire. Pour que la représentation fût plus vraie, il proportionnait aussi le chiffre des élus de chaque paroisse à l'étendue de son territoire, et fractionnait les voix de manière à assurer au plus petit propriétaire sa part d'influence. N'est-ce pas là au fond notre système électoral, et si quelques-uns trouvent aujourd'hui le système imparfait, pouvait-on alors admettre les raisons invoquées depuis pour l'élargir?

Le plus haut degré de la représentation, telle que la concevait Turgot, était dans l'assemblée où les députés, réunis de toutes les provinces, votaient l'impôt : États généraux sans distinction d'ordres et sans participation à la souveraineté. Sans distinction d'ordres, à merveille ; sans participation à la souveraineté, cela eût été bon sous un ministère libéral, quand les obstacles étaient élevés par les dépositaires des libertés de la nation. Mais un pouvoir qui invoque la discussion et la publicité, qui renonce au droit divin et abjure le principe des vieilles monarchies pour admettre, avec le droit humain, le principe des monarchies nouvelles, un tel pouvoir ne peut être absolu. Il porte la liberté dans ses flancs : un jour elle en sortira tout armée. C'est peut-être la seule contradiction qu'il y ait eu dans les projets de Turgot ; il appli-

quait le système constitutionnel à l'administration, et ne croyait
pas devoir l'appliquer à la politique.

Sans doute, il nous est facile aujourd'hui de signaler quelque
lacune dans ces plans, écrits à la veille d'une grande révolution
qui nous a ouvert les yeux et donné sur les principes des constitutions de tout autres lumières. Mais nous ne devons pas oublier
que Turgot a su beaucoup prédire, et c'est là sa gloire. Il a salué
l'aurore du siècle où nous vivons, et reconnu ces clartés douteu-
ses encore, que chaque jour devait rendre plus brillantes. Ecri-
vain, intendant ou ministre, c'est par là qu'il a conquis un haut
rang parmi les hommes qui ont le plus honoré la pensée humaine,
et parmi ceux qui, choisis par Dieu pour être les dépositaires du
pouvoir, ont le mieux justifié ce choix. C'est là encore ce qui fait
l'unité de sa vie, et ce qui a rendu notre tâche facile. Si les appré-
ciations du caractère des grands hommes risquent toujours d'être
par quelque endroit fausses ou mensongères, parce qu'il en est
peu qui n'aient changé dans le cours d'une longue existence, ce
danger est moindre pour Turgot. Nul ne s'est montré plus égal, à
tout âge et dans tous les rôles : nul n'a mieux rempli le précepte
du poëte :

Servetur ad imum,
Qualis ab incœpto processerit, et sibi constet.

Gloire brillante et pure, dont un nuage à peine obscurcit l'au-
réole. Ces œuvres, écrites sous la dictée de la raison, ne doivent
rien aux passions du jour ; aussi voit-on briller en elles un reflet
de l'éternelle vérité : mais on sent que le souffle du dix-huitième
siècle a passé sur elles. Turgot ne s'est pas élevé encore à cette
hauteur où la pensée religieuse et la pensée philosophique
se confondent. Ne nous y trompons pas cependant, il a fait
beaucoup pour préparer cette alliance. Lorsqu'un tel homme a
voué sa vie au culte de la vérité et du bien, lorsque, saisi de
compassion pour les misères humaines, il a consacré la persévérance de son génie à en alléger le fardeau, lorsqu'enfin il est arrivé
par la conviction à l'éloquence, comment ne pas admirer cette seconde lumière dont s'éclairait en lui la raison ? Comment ne pas
reconnaître le feu divin de la charité ? N'est-ce pas là, comme
disait Fénelon, n'est-ce pas là le Dieu que je cherche ?

Oui, Turgot sut joindre à un esprit plus prophétique que novateur un caractère profondément religieux. Dans un siècle critique par essence, il eut l'inspiration, la foi. Ce qu'il a fait, d'autres l'ont fait peut-être en France ou dans les pays voisins ; mais parmi ses contemporains, et il y en eut d'illustres, il fut le seul, je le répète, qui sut voir au delà des intérêts d'un jour, des événements passagers dont le vent emporte la trace ; le seul qui pût soulever à demi le voile de l'avenir.

Il venait de mourir, condamné comme Galilée, et comme Galilée cependant, fidèle à sa conviction, lorsque les événements prouvèrent combien ses prédictions étaient sûres. L'étoile lumineuse de son génie a guidé, qu'ils le sachent ou qu'ils l'ignorent, tous ceux que la Révolution française peut appeler ses vrais enfants. Si Turgot revenait parmi nous, comme un aïeul au milieu de la seconde ou de la troisième génération qui l'a suivi, sa plus belle récompense serait de voir tous les germes qu'il a déposés sur le sol de la France développés par le temps, l'égalité civile écrite dans nos lois, la tolérance, en matière de religion, pratiquée comme il l'avait comprise, la liberté industrielle et commerciale prenant sans cesse de nouvelles forces, le flambeau de l'instruction brillant pour un plus grand nombre et faisant rayonner partout quelques traits de sa lumière ; le gouvernement fondé sur l'équilibre des devoirs et des droits, au lieu de l'être sur celui des priviléges, et le pouvoir enfin sachant qu'il faut être juste pour être fort, que la publicité, la discussion même de ses actes sont les meilleures garanties de sa justice, comme les plus solides éléments de sa durée.

Paris, Paul Dupont.

www.ingramcontent.com/pod-product-compliance
Ingram Content Group UK Ltd.
Pitfield, Milton Keynes, MK11 3LW, UK
UKHW021013120726
13693UKWH00005B/1959